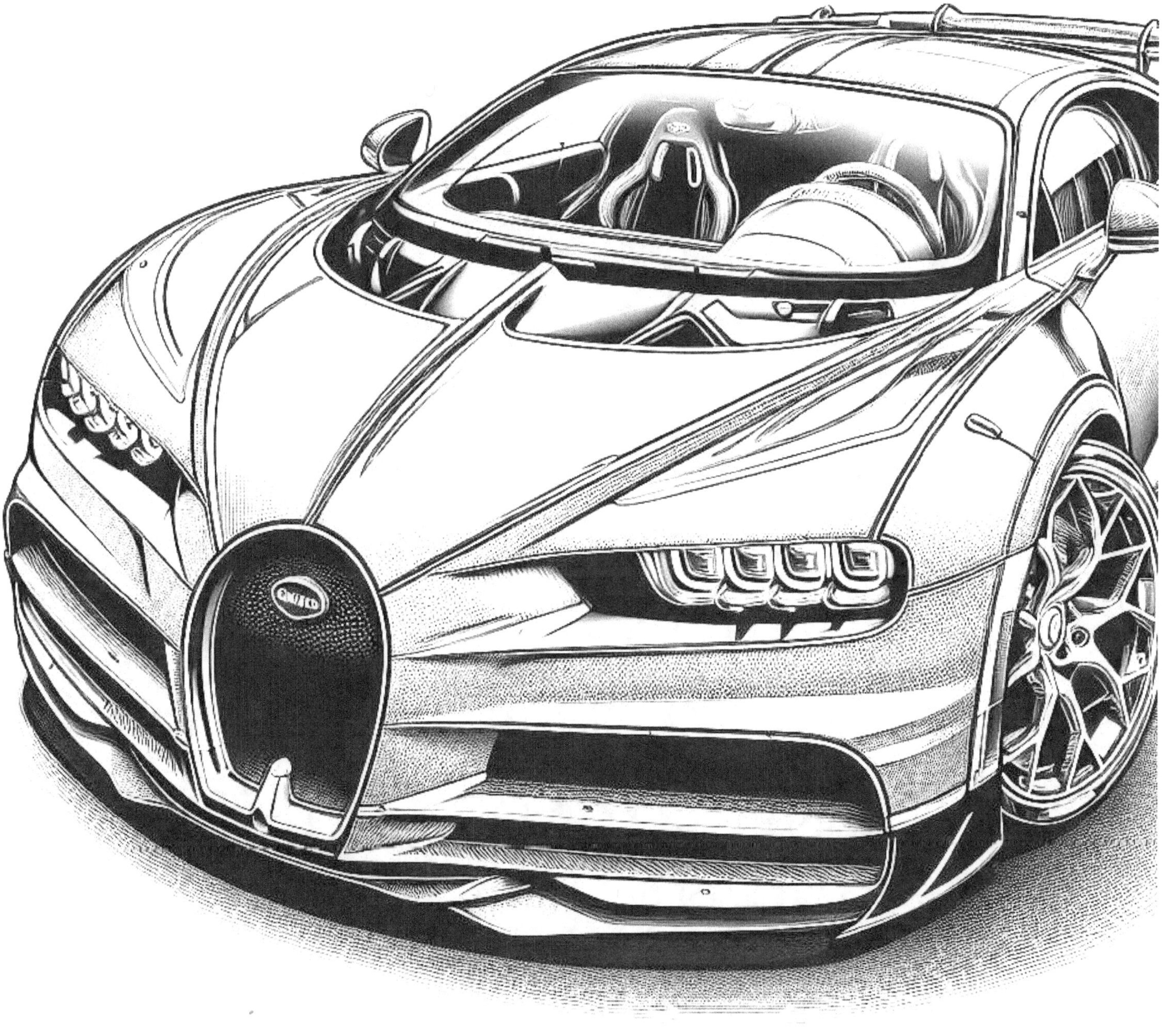

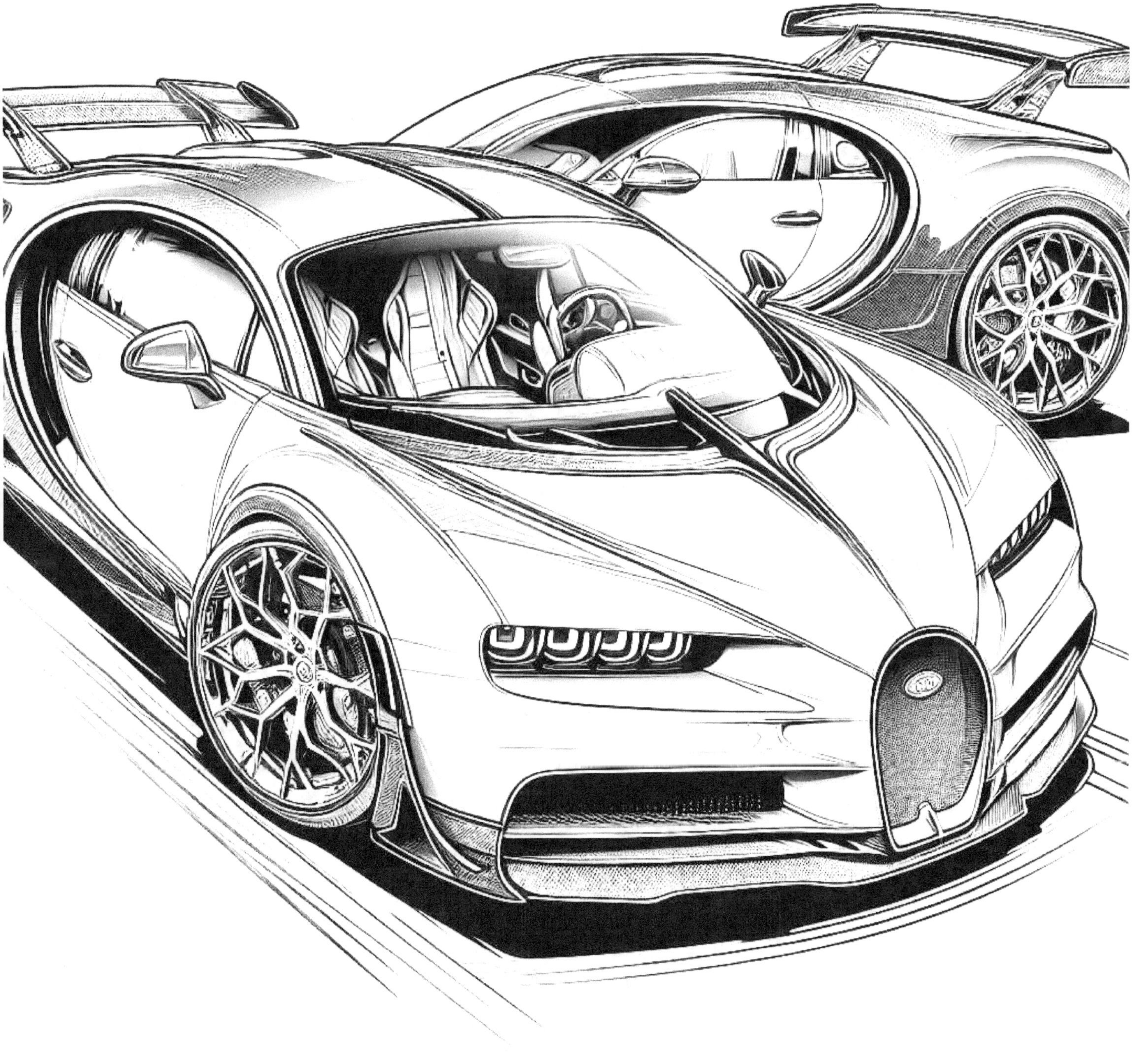

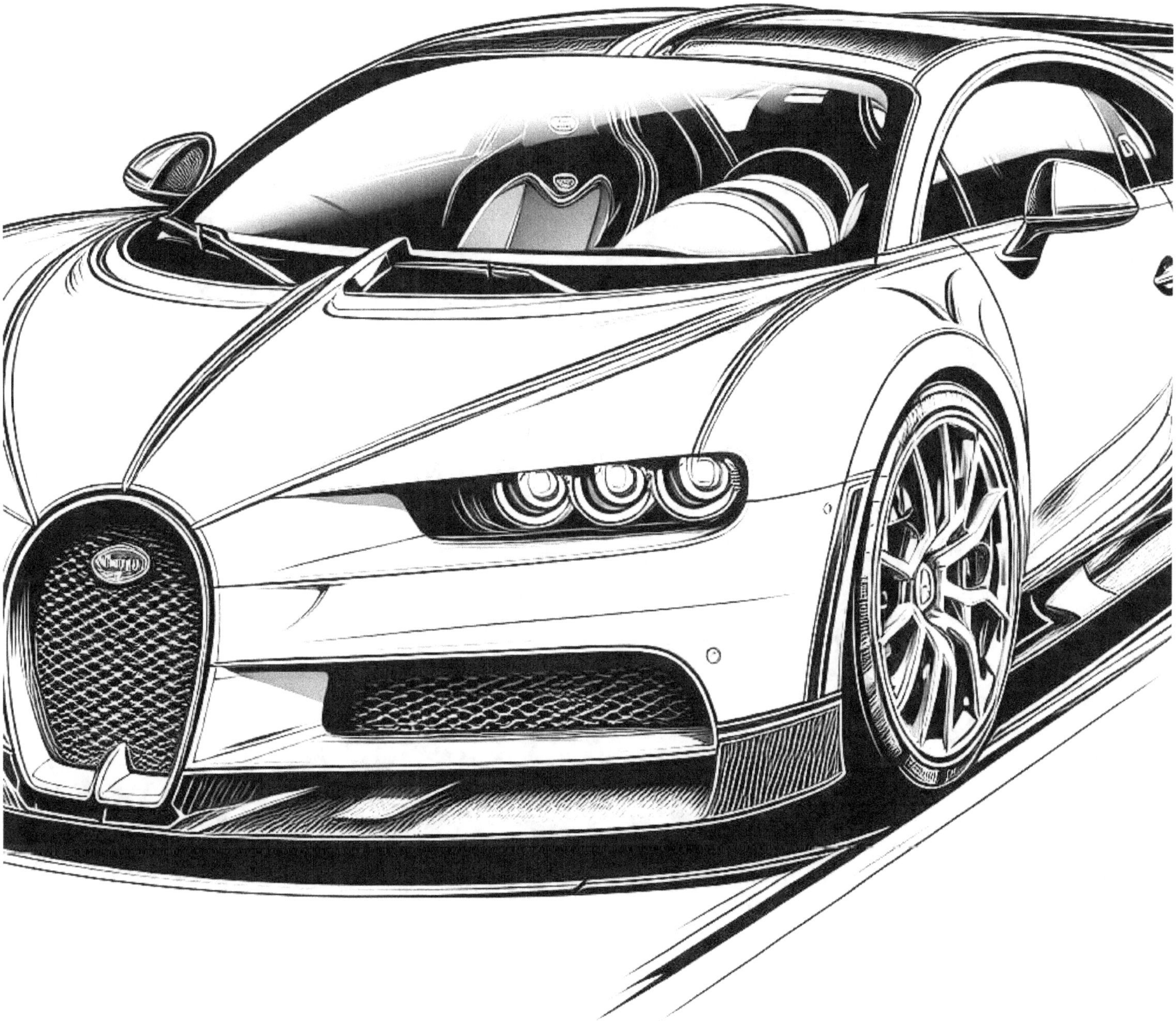

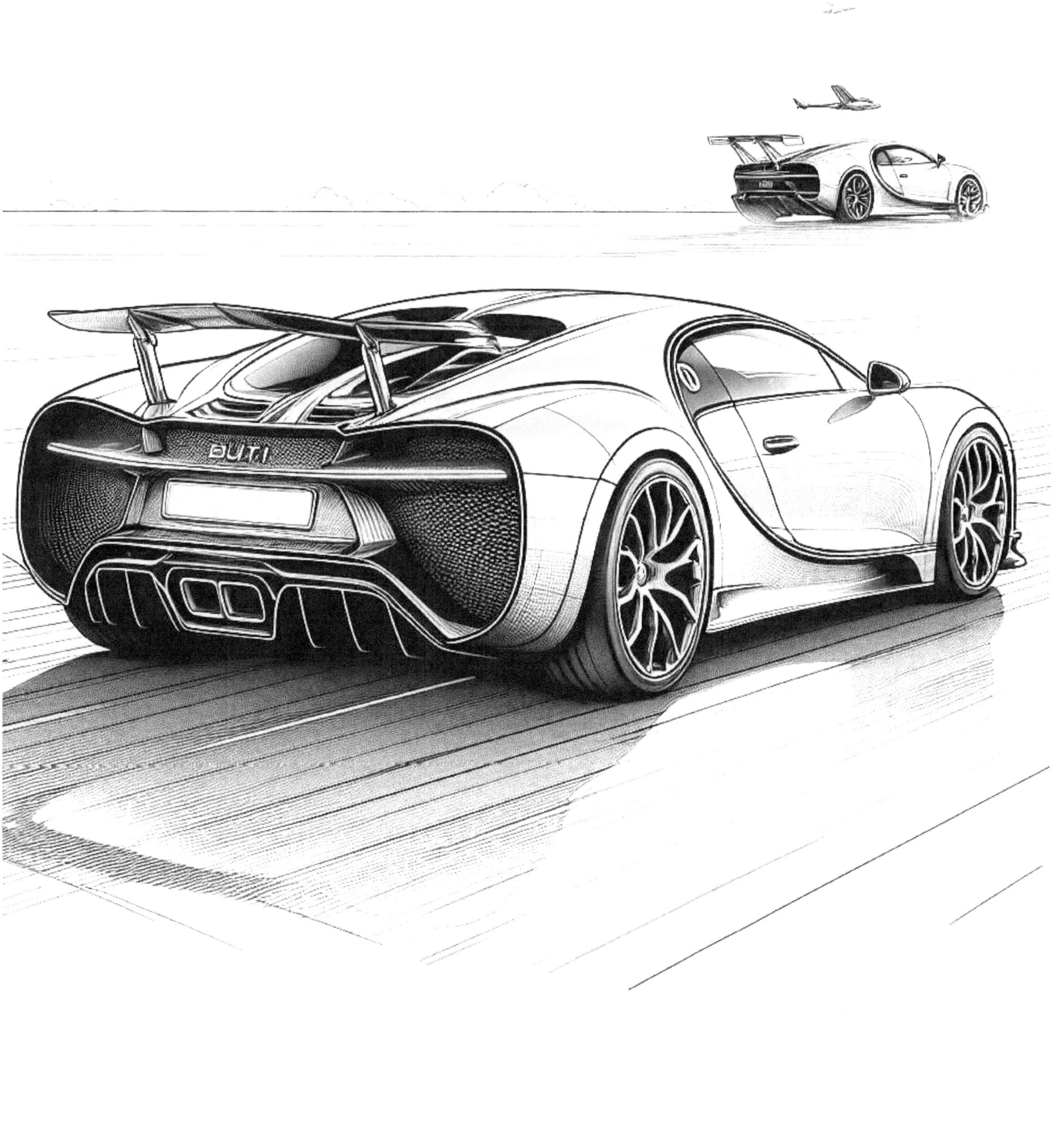

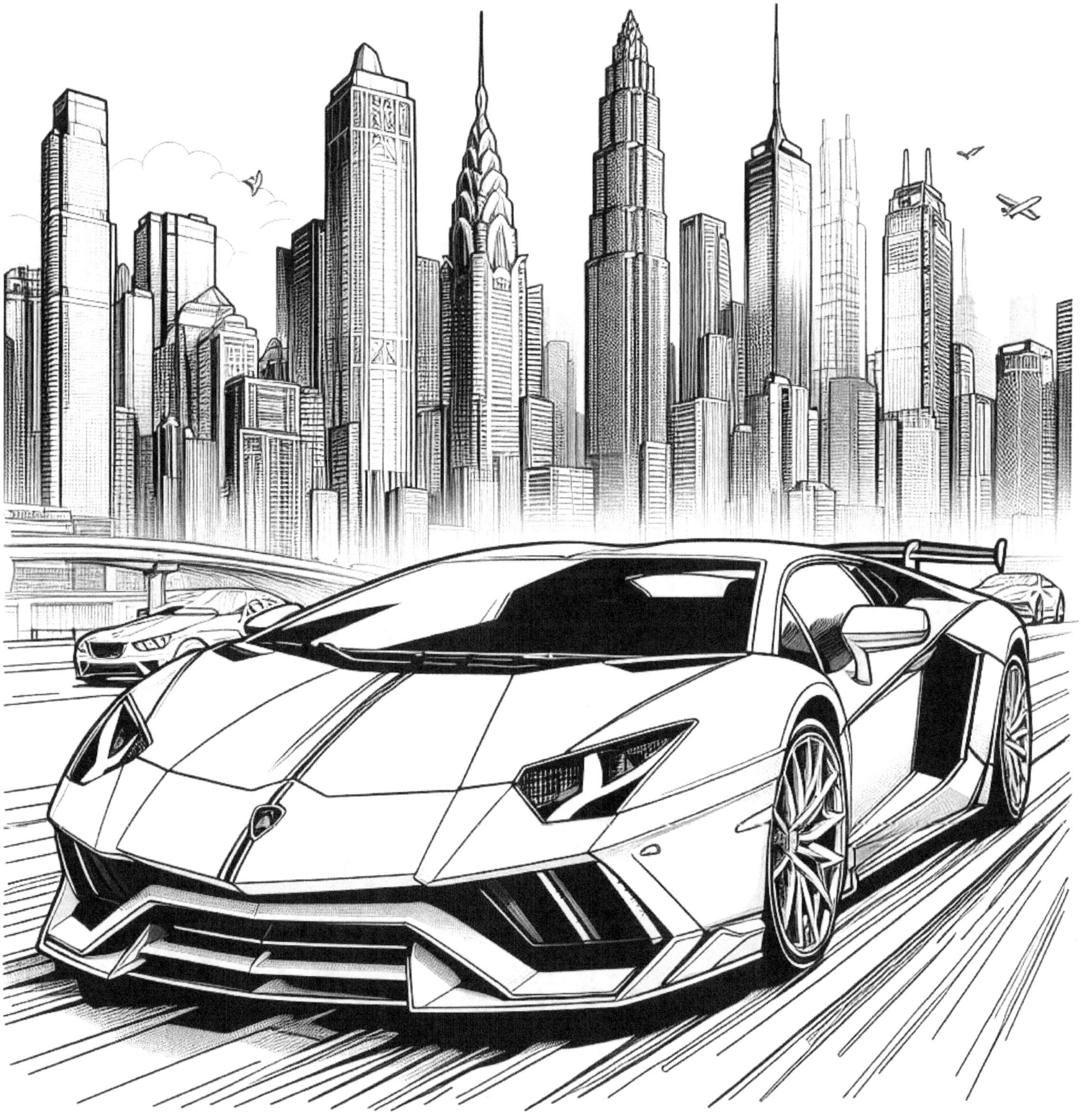

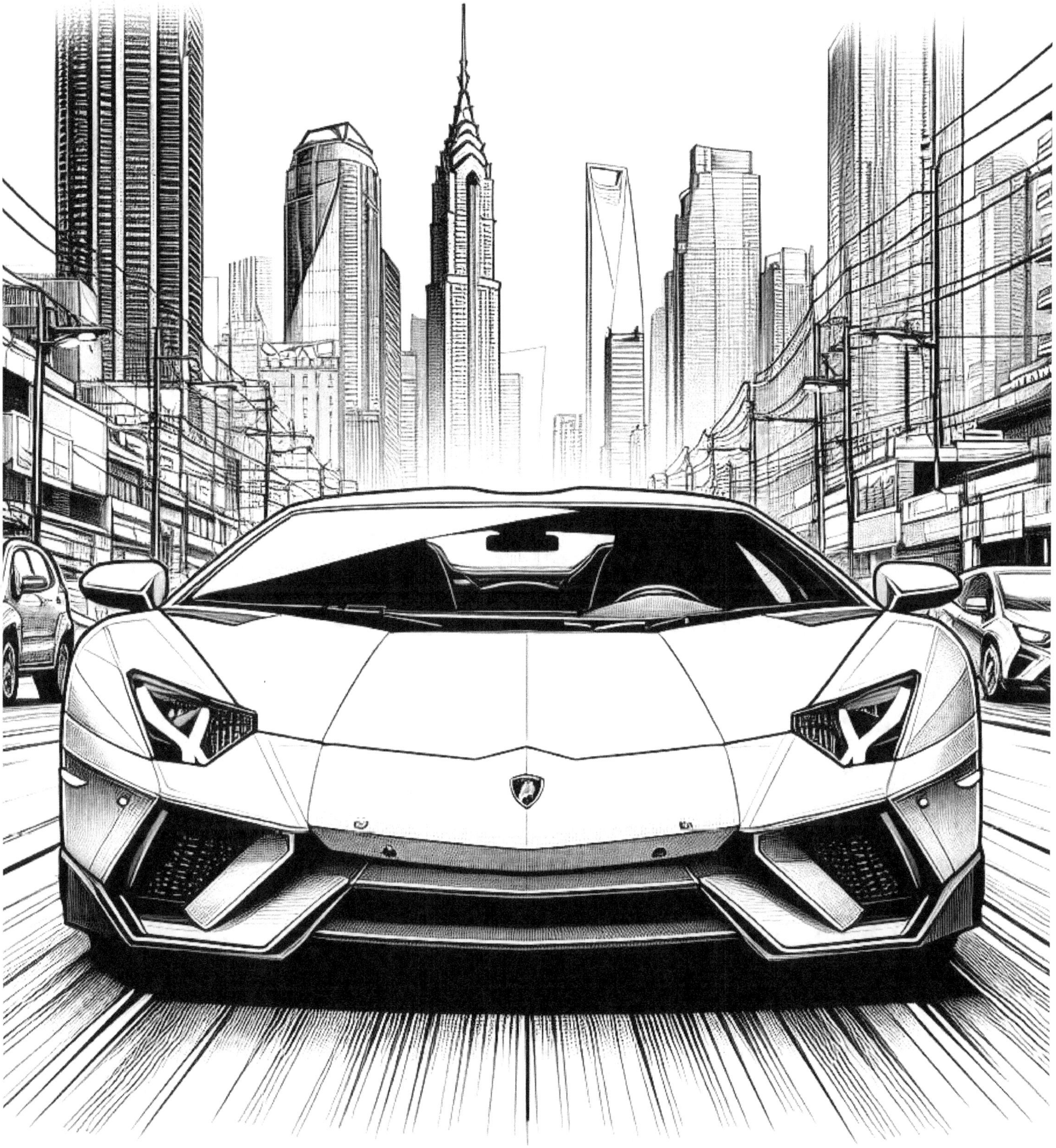

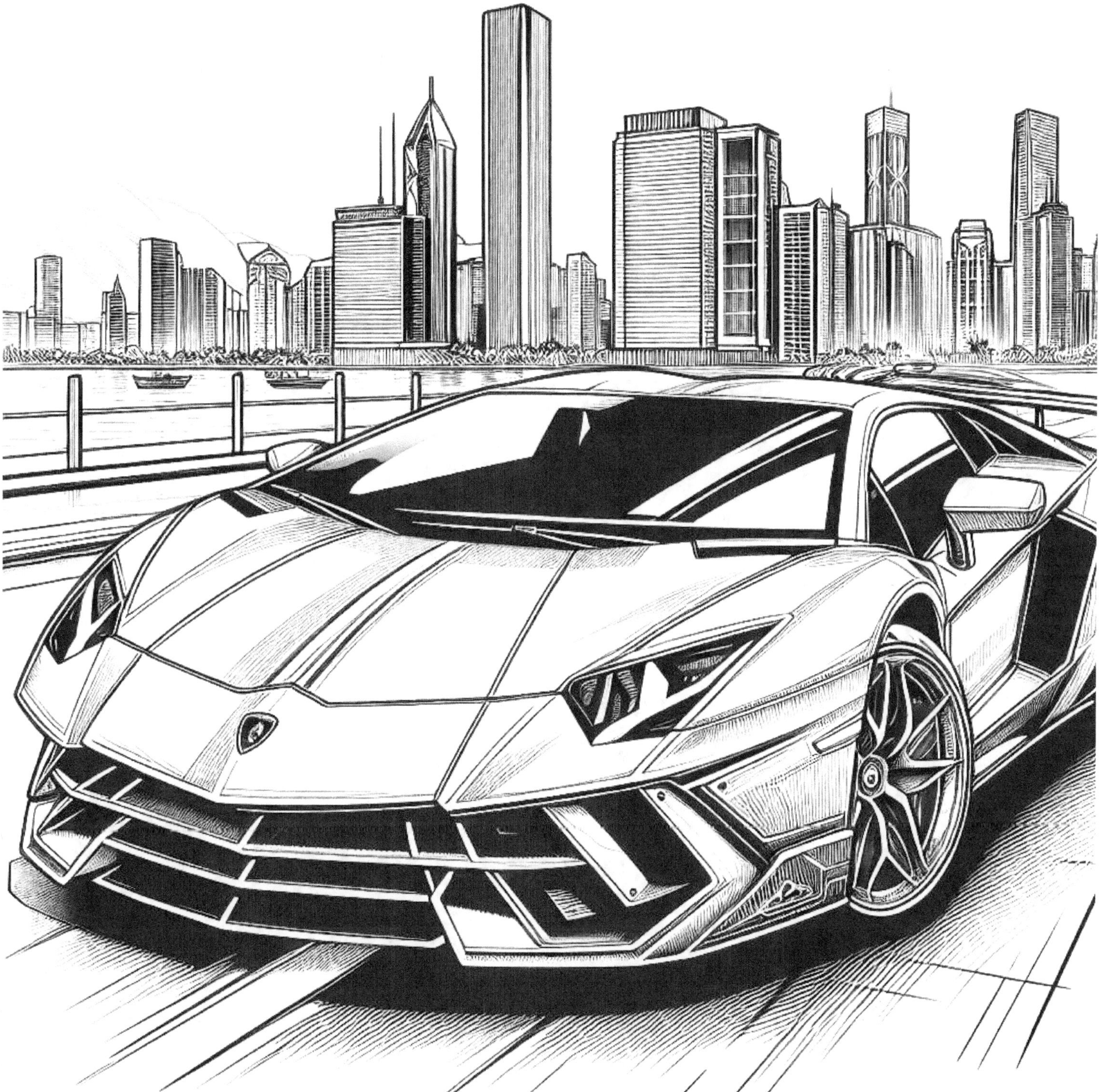

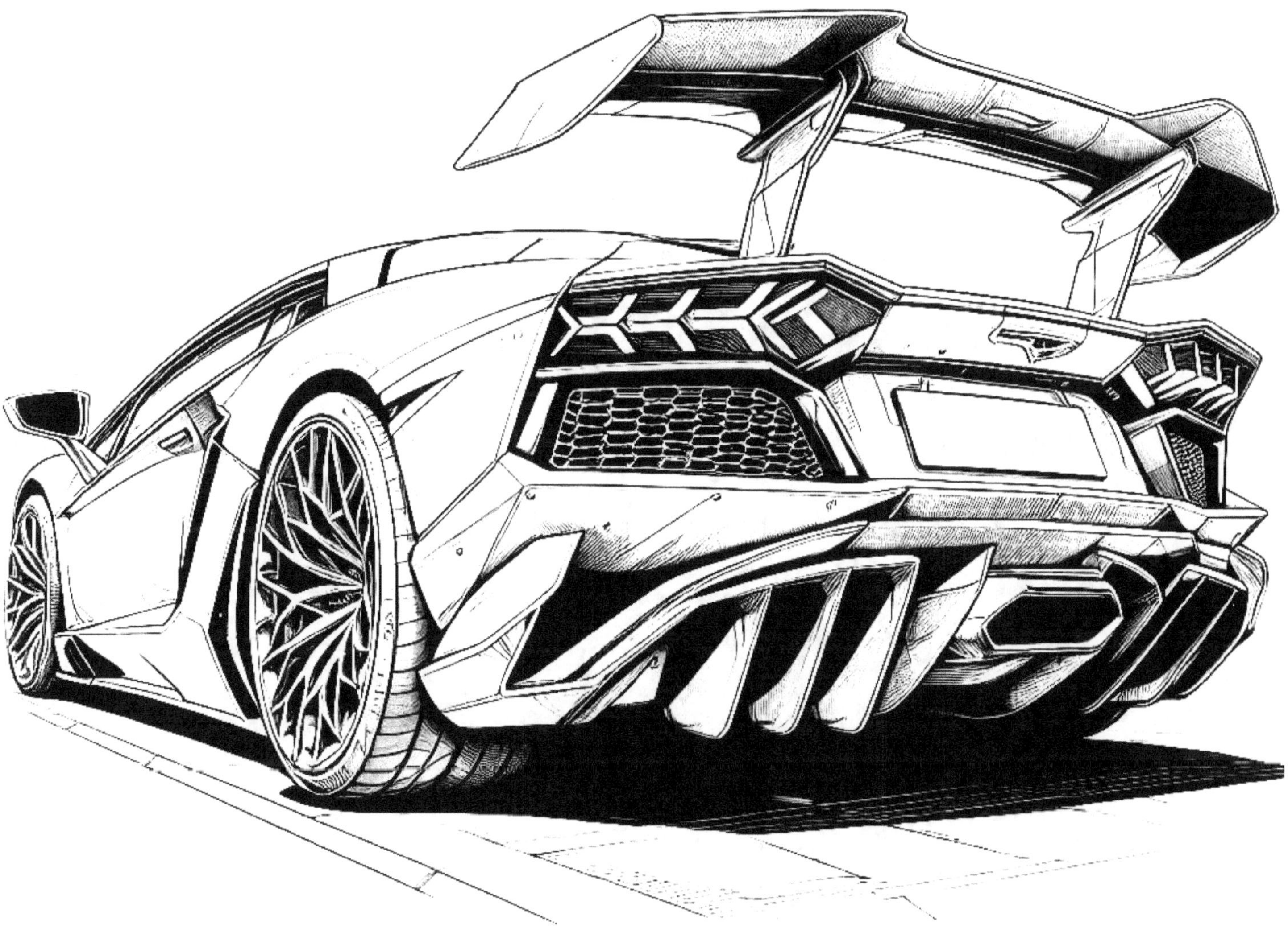

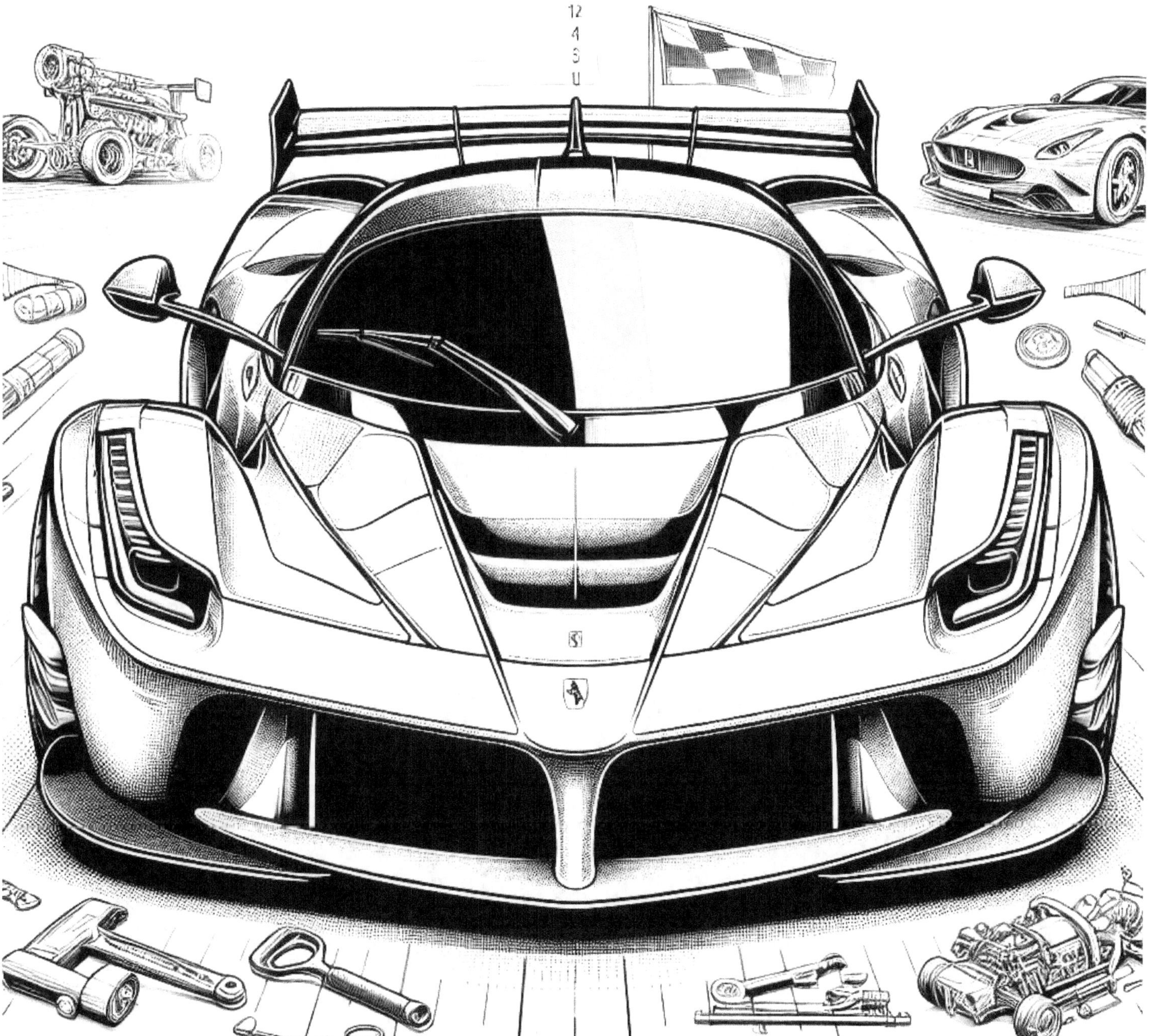

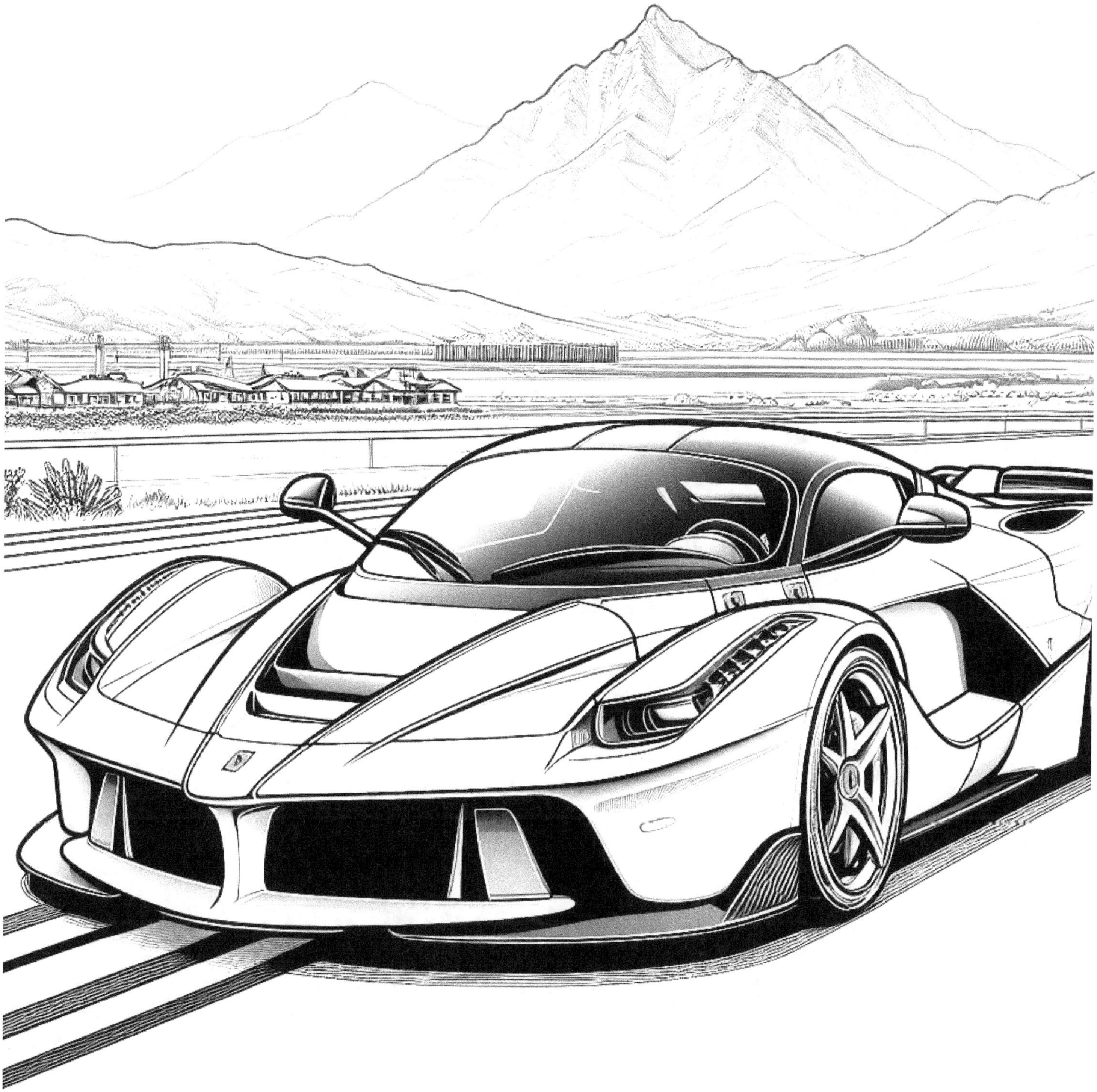

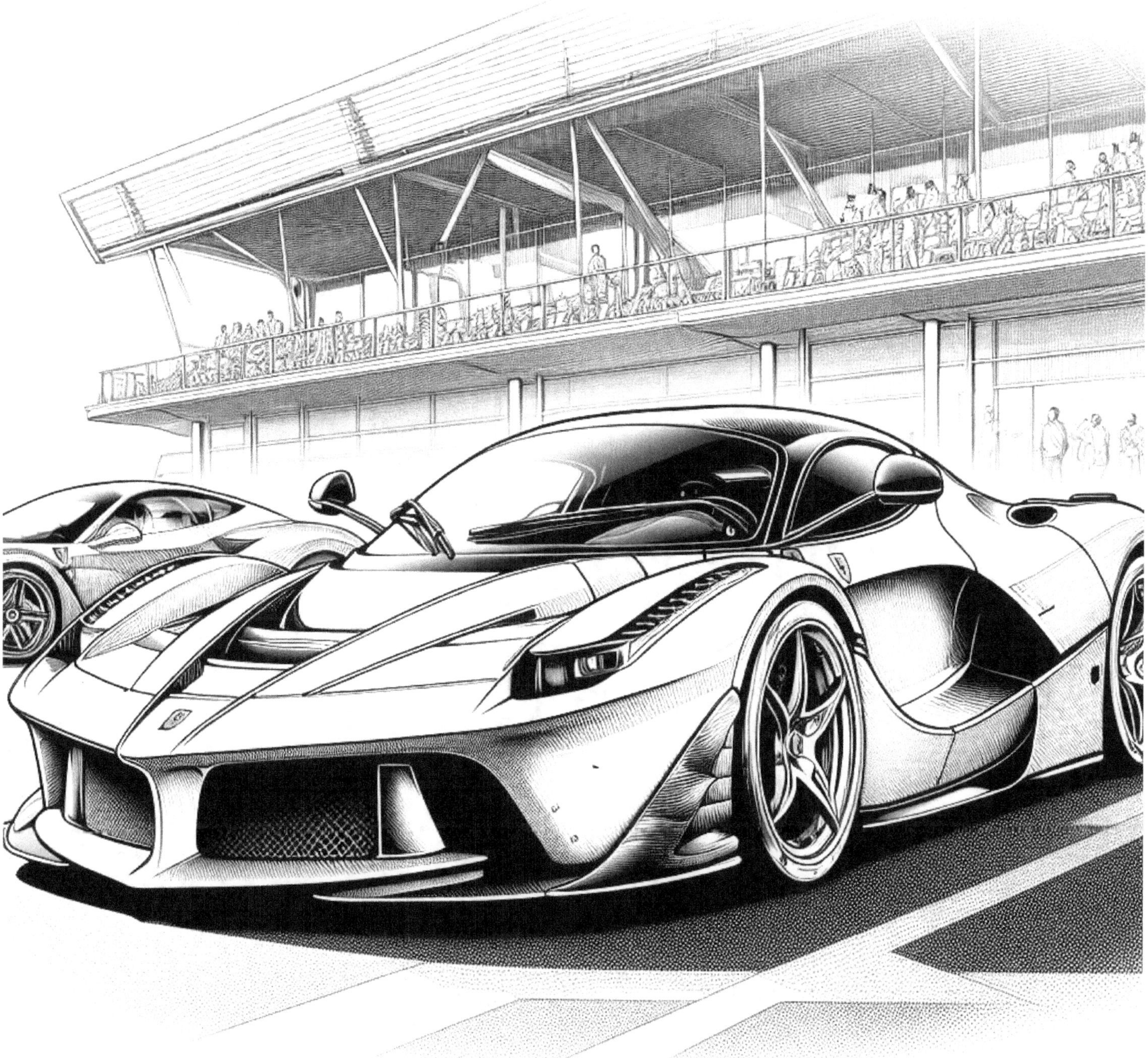

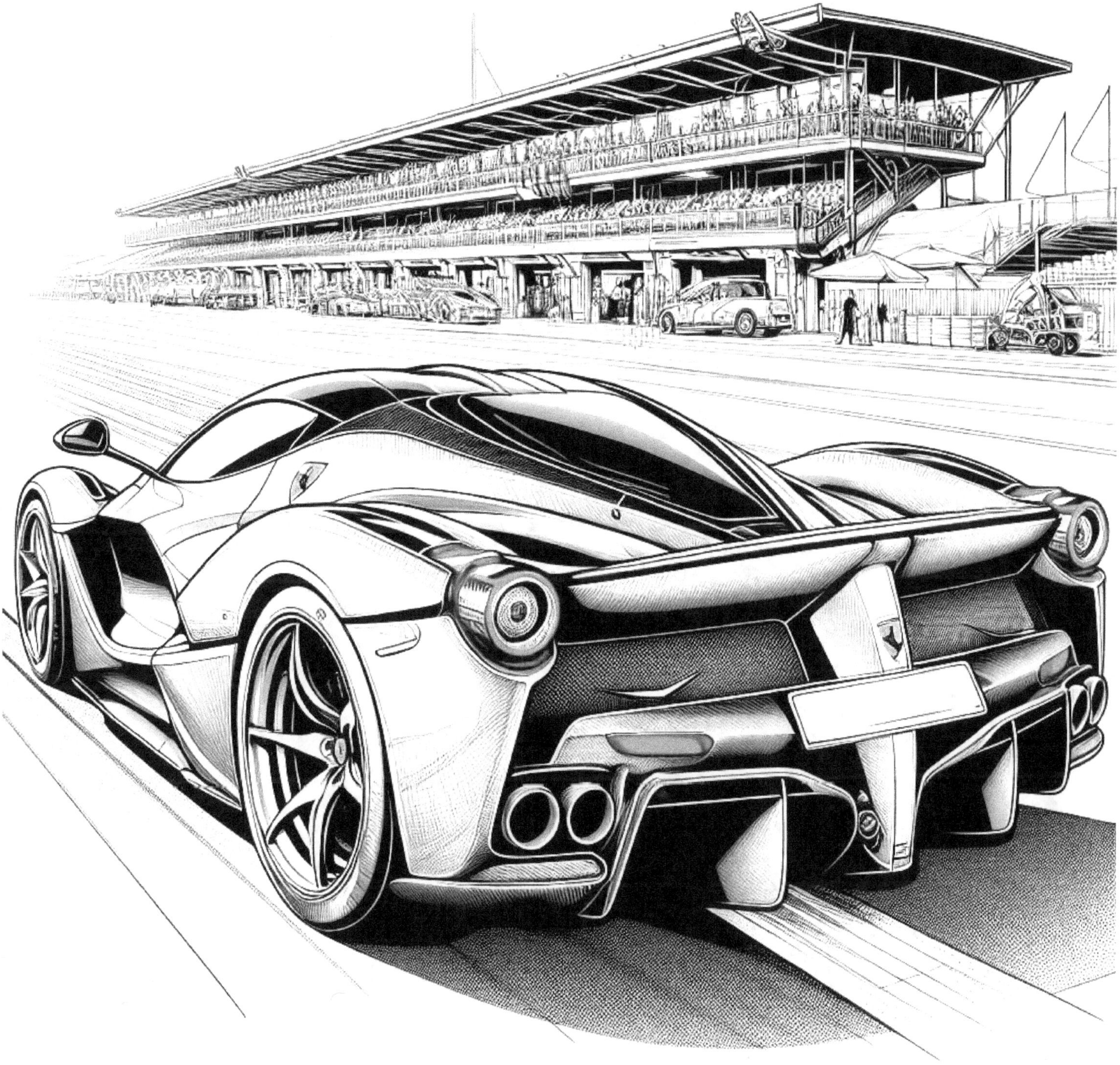

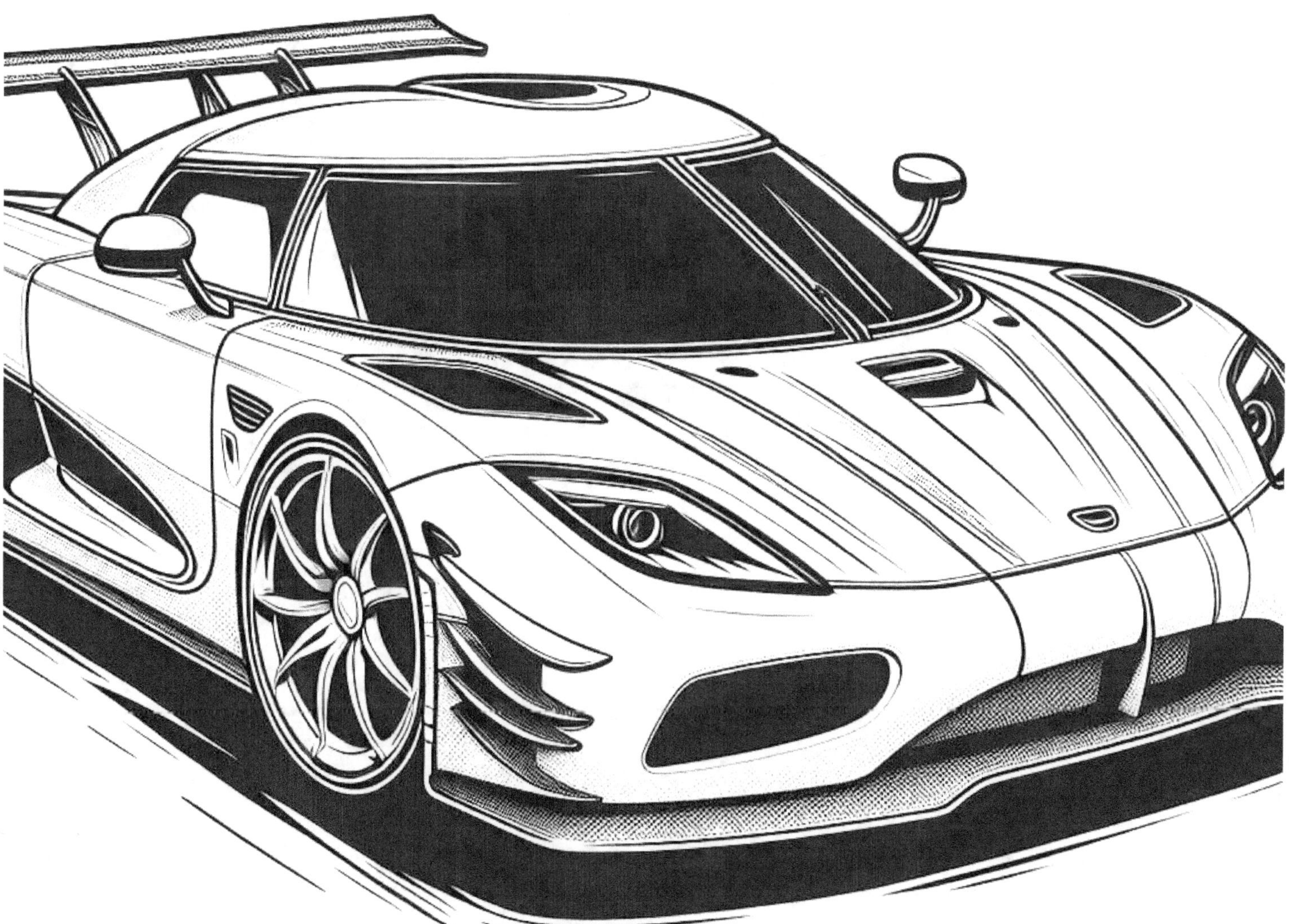

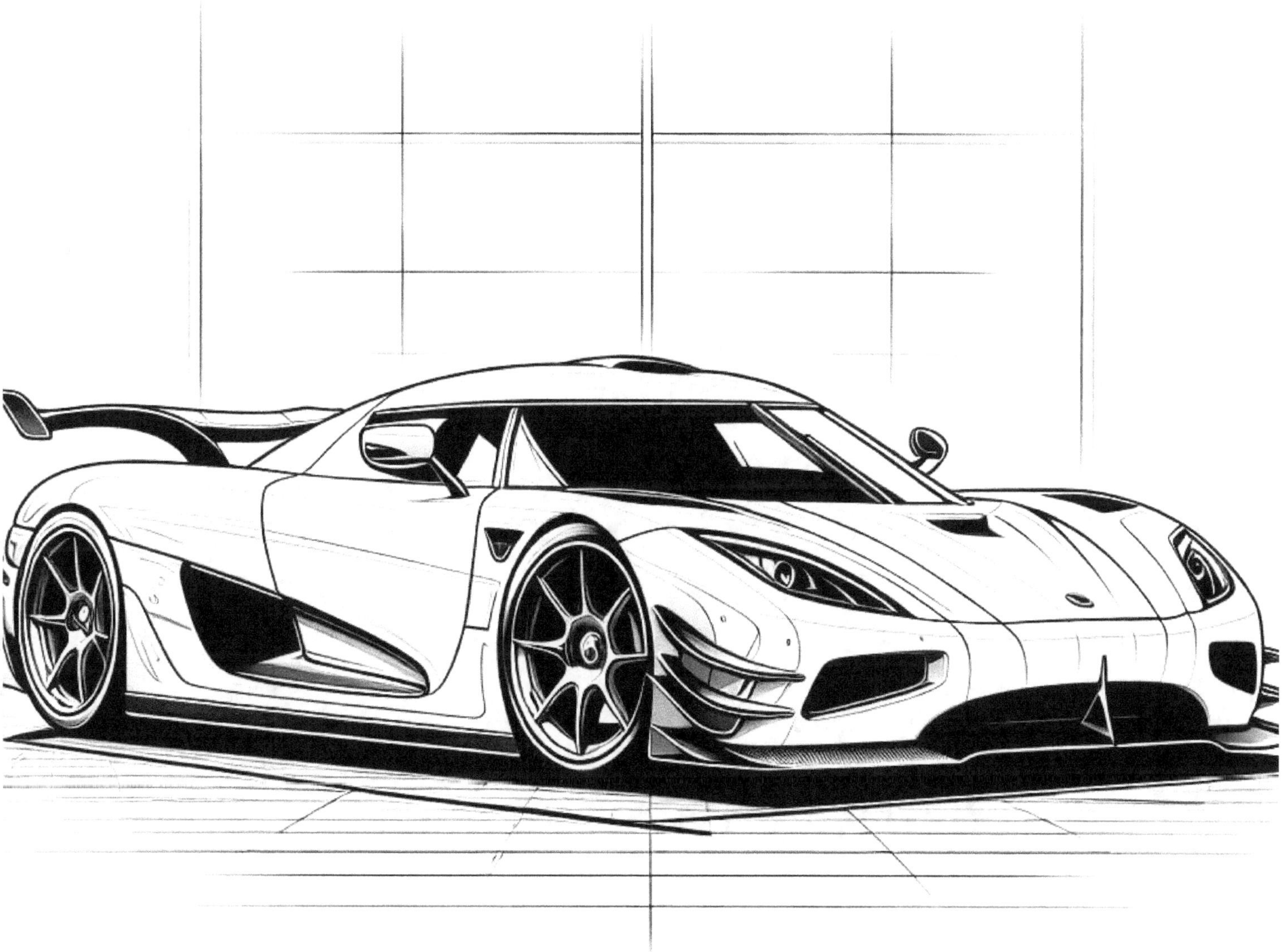

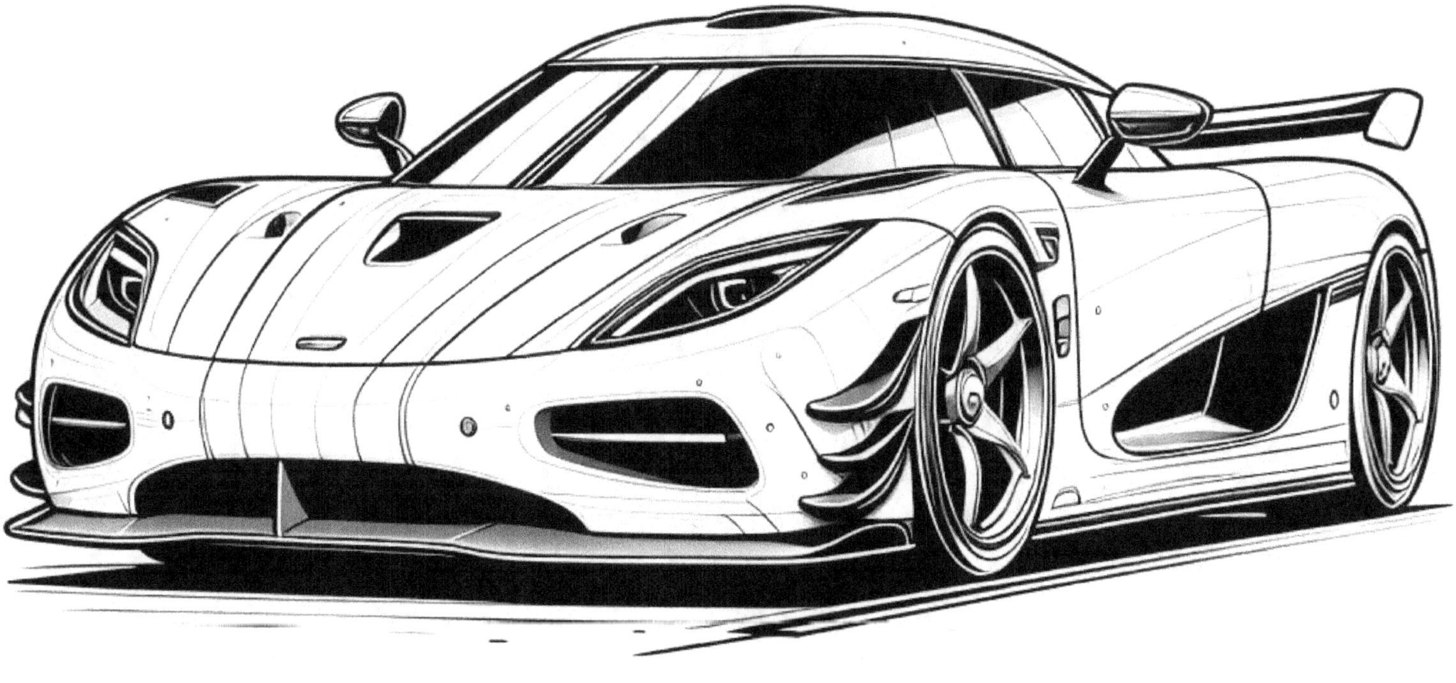

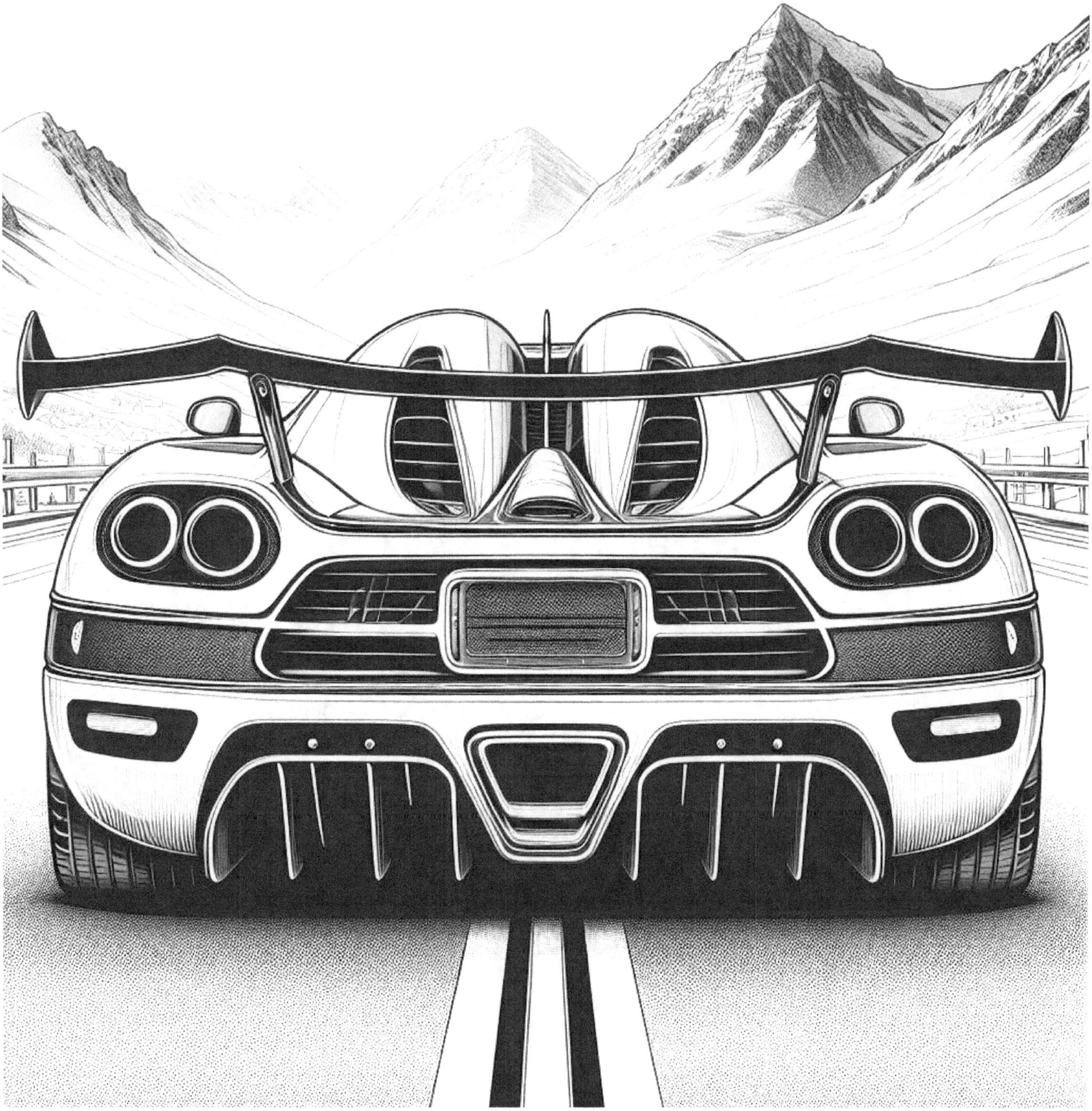

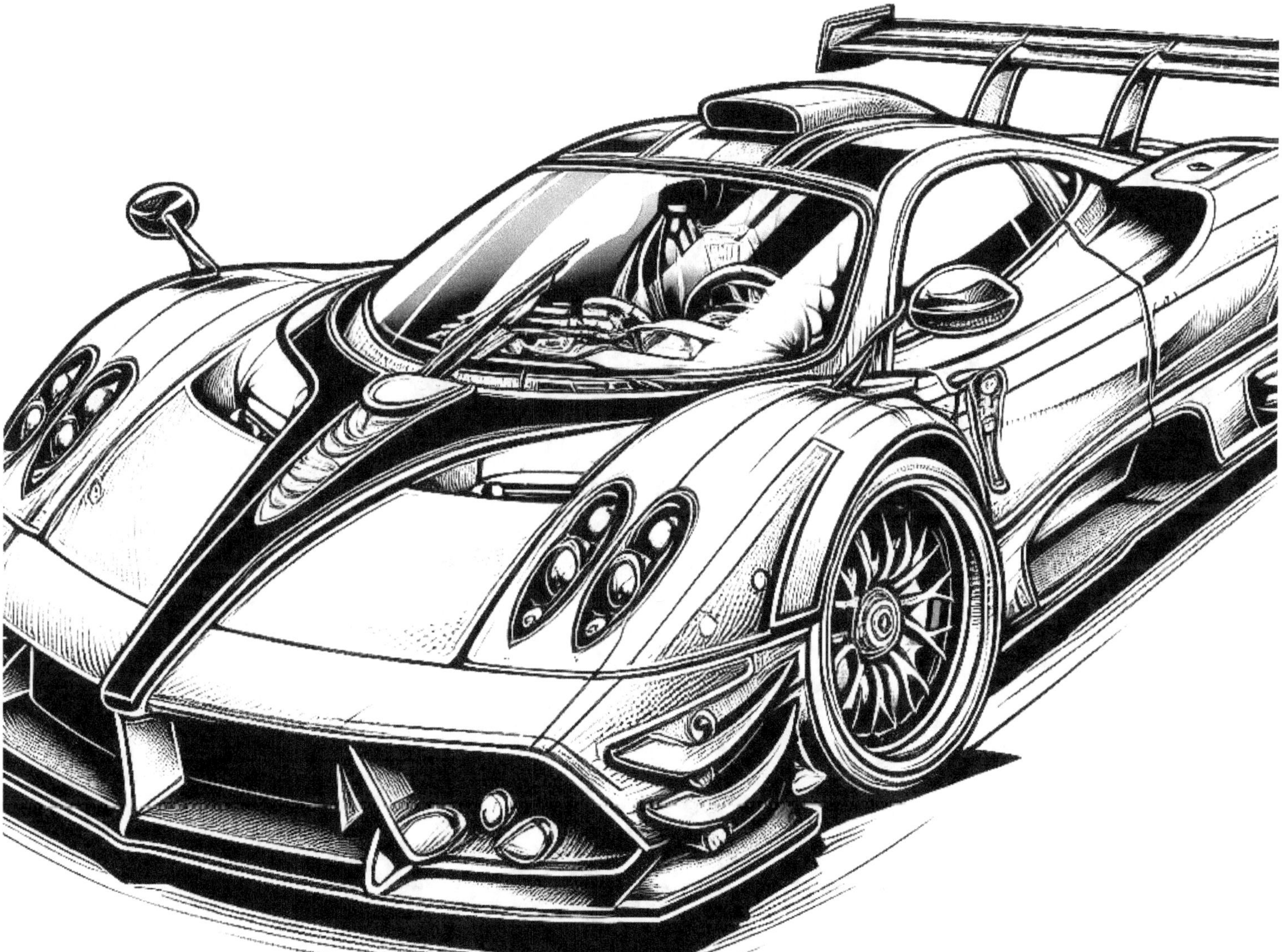

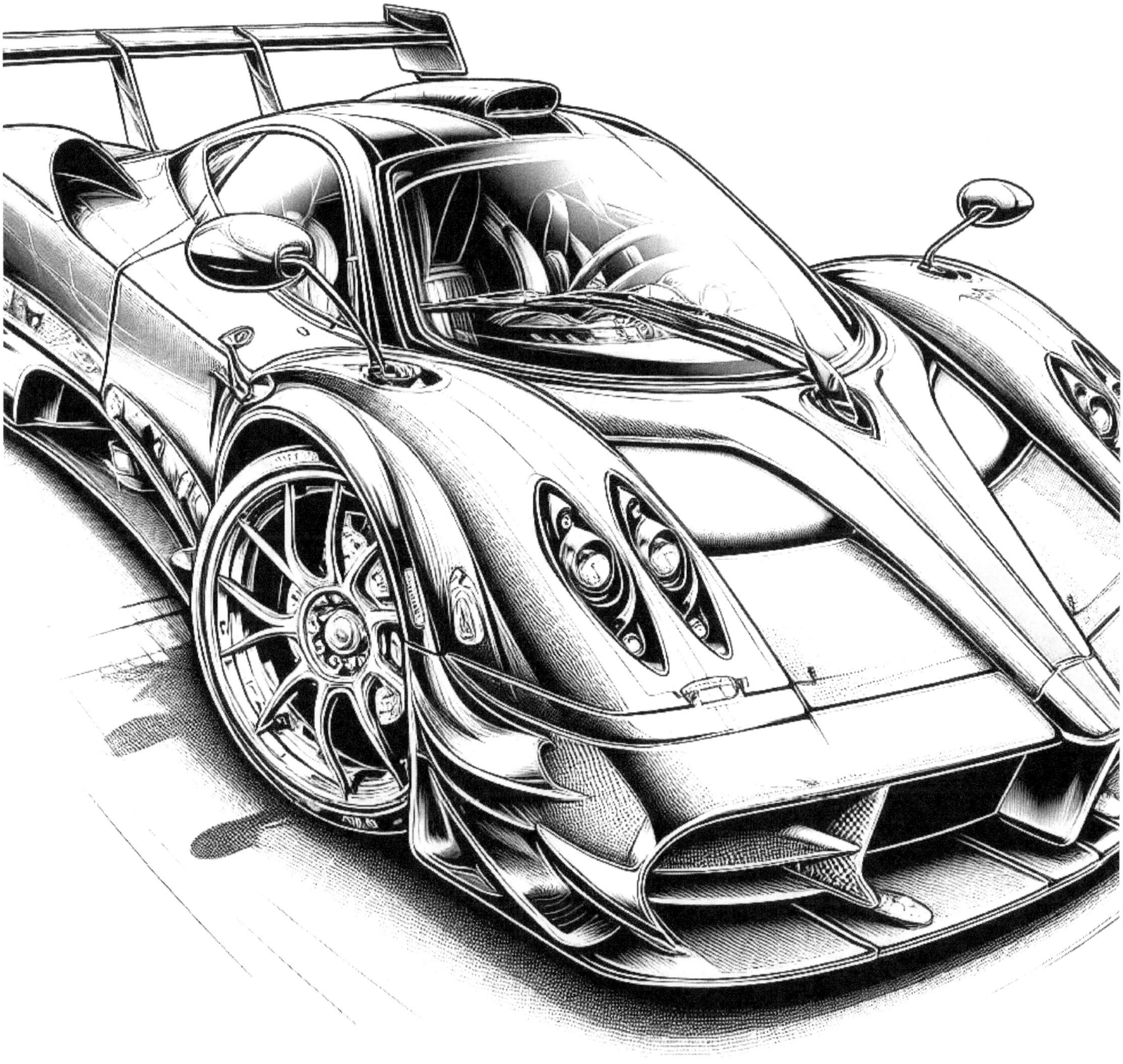

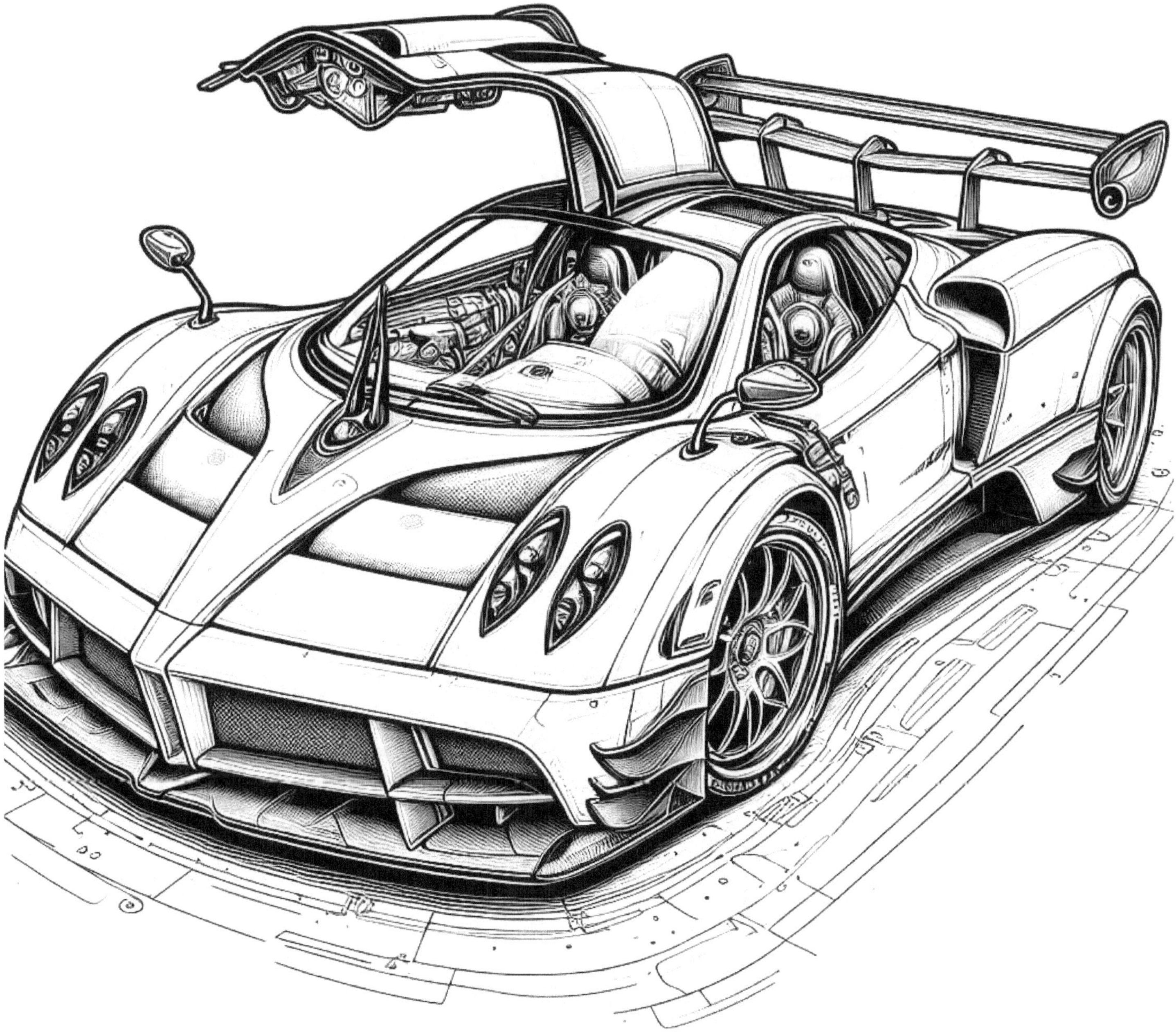

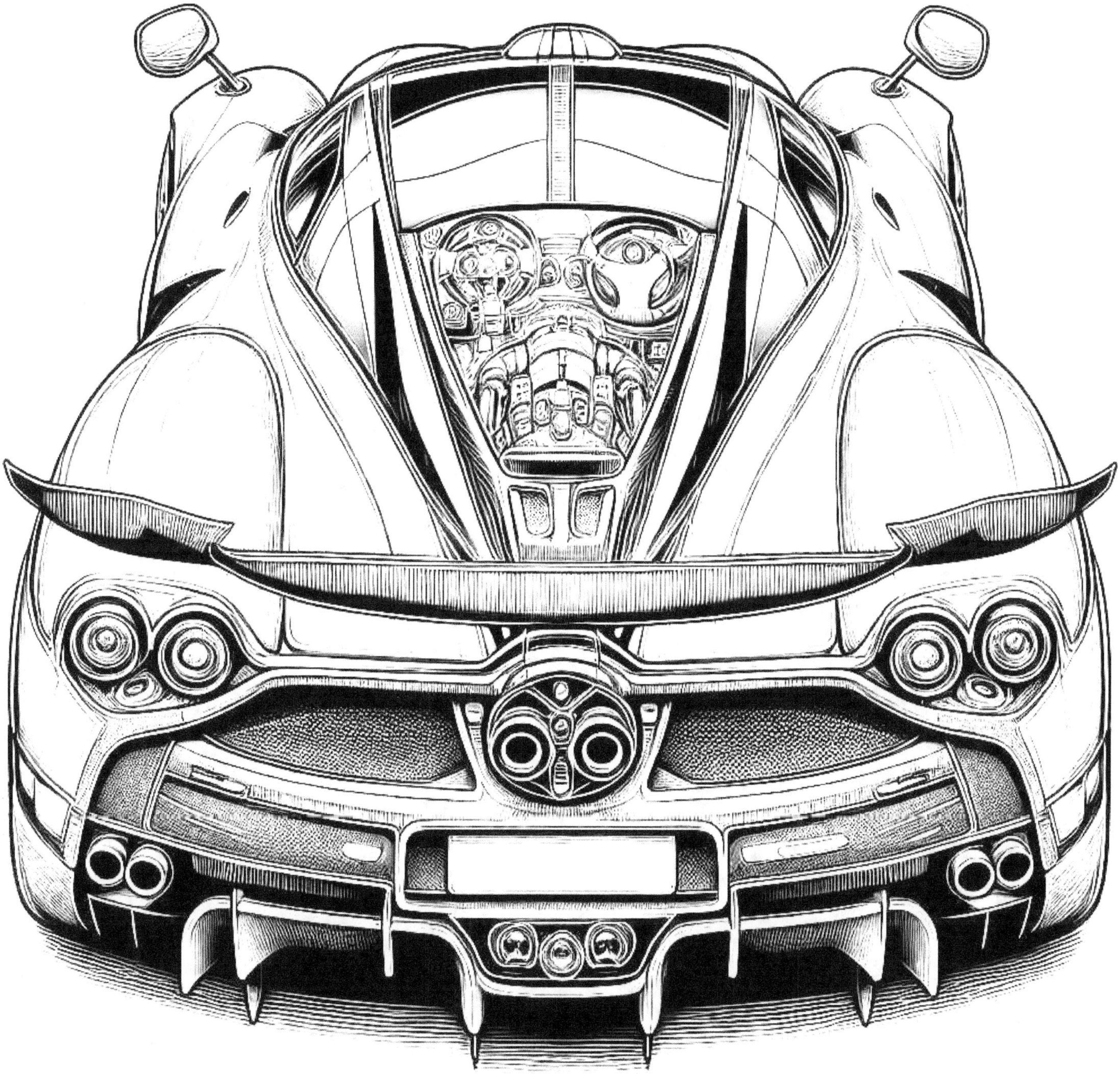

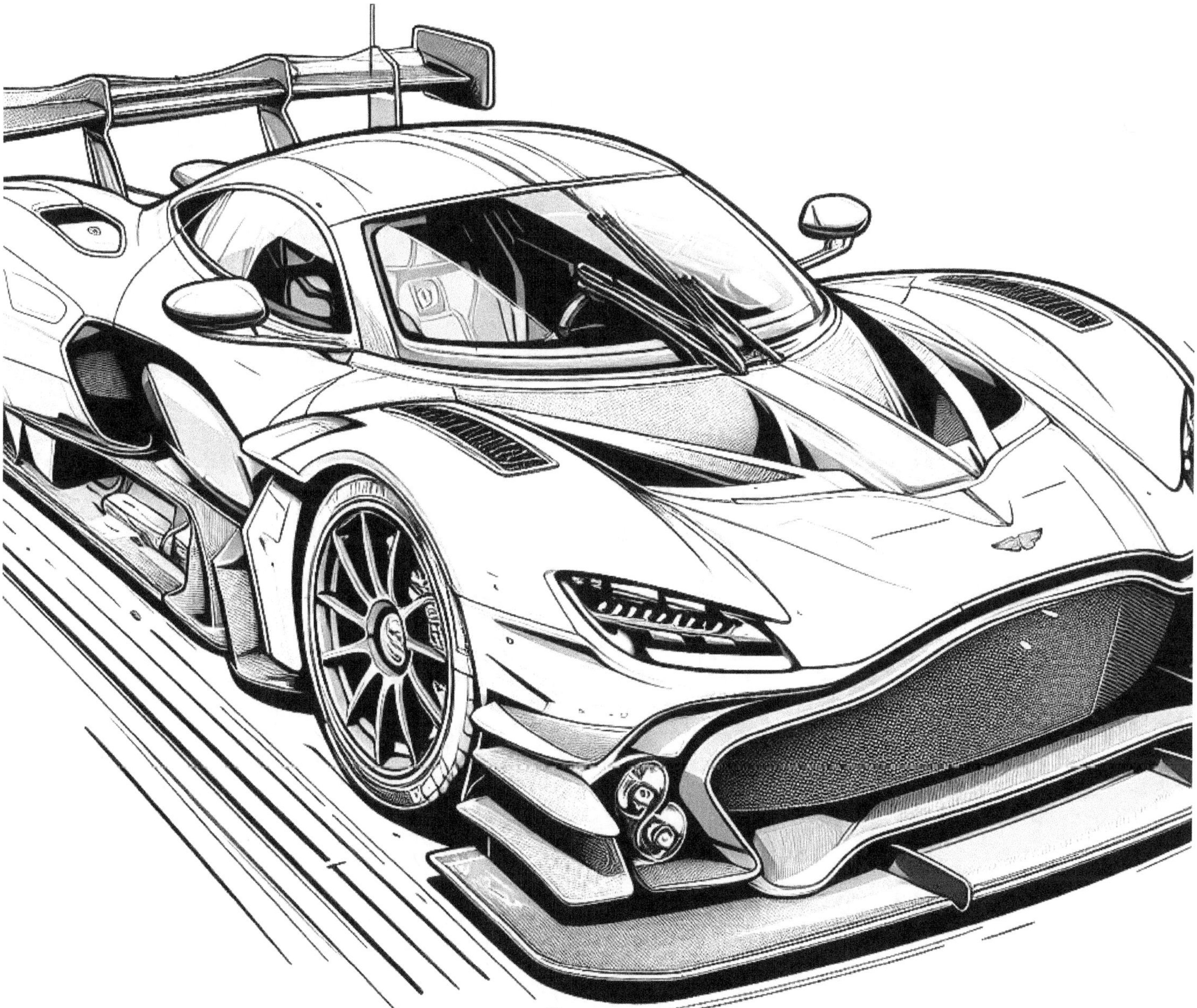

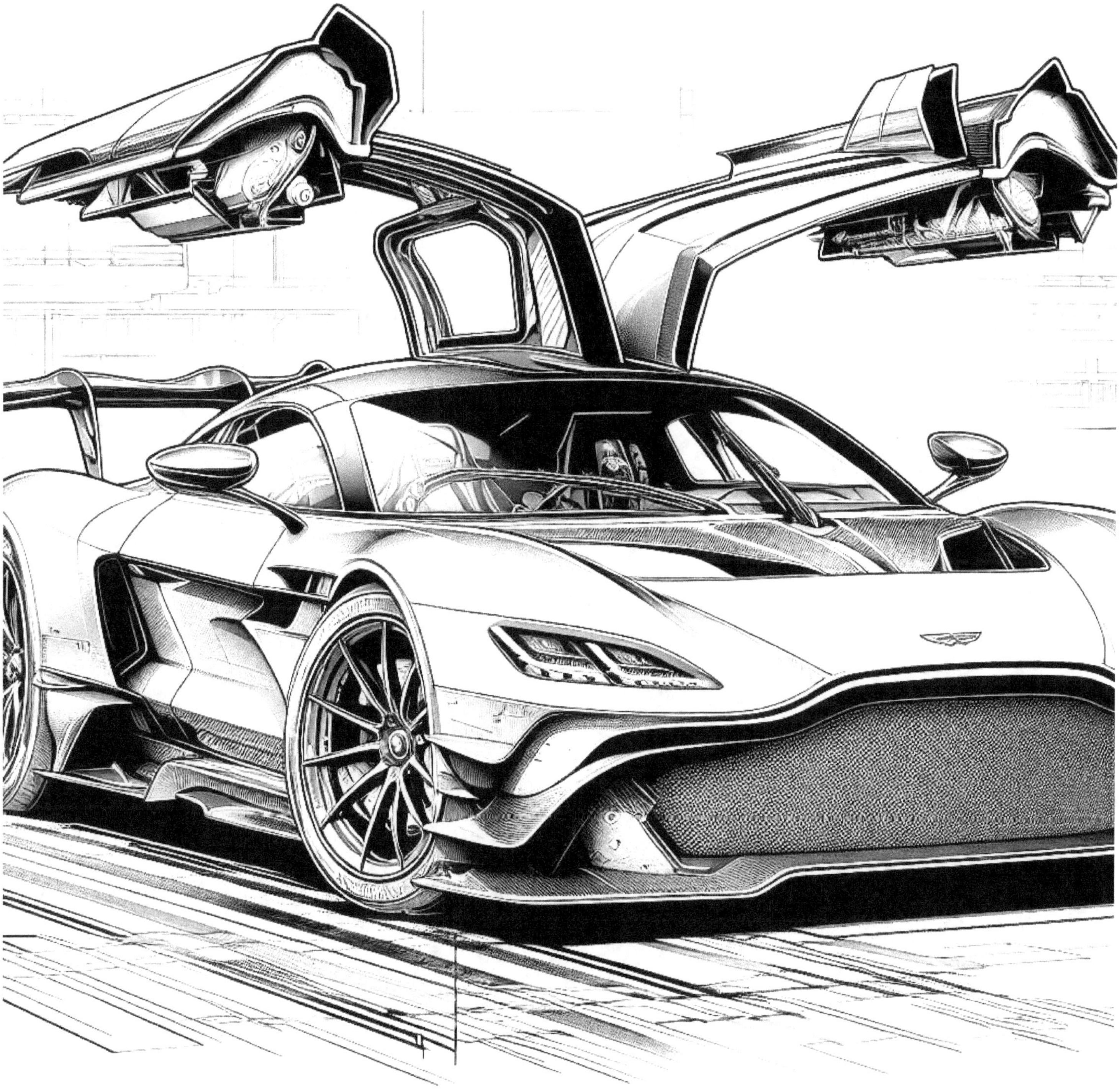

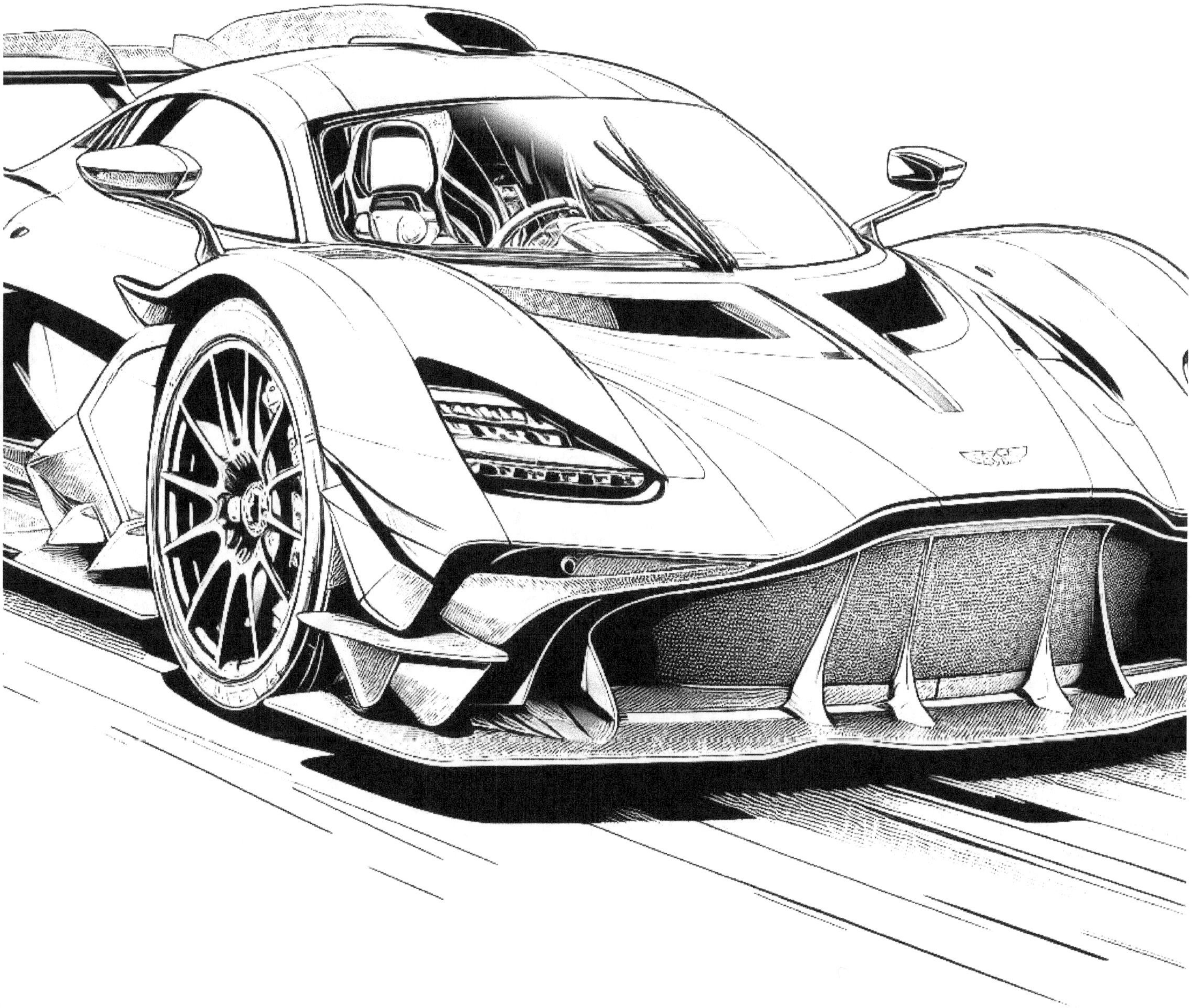

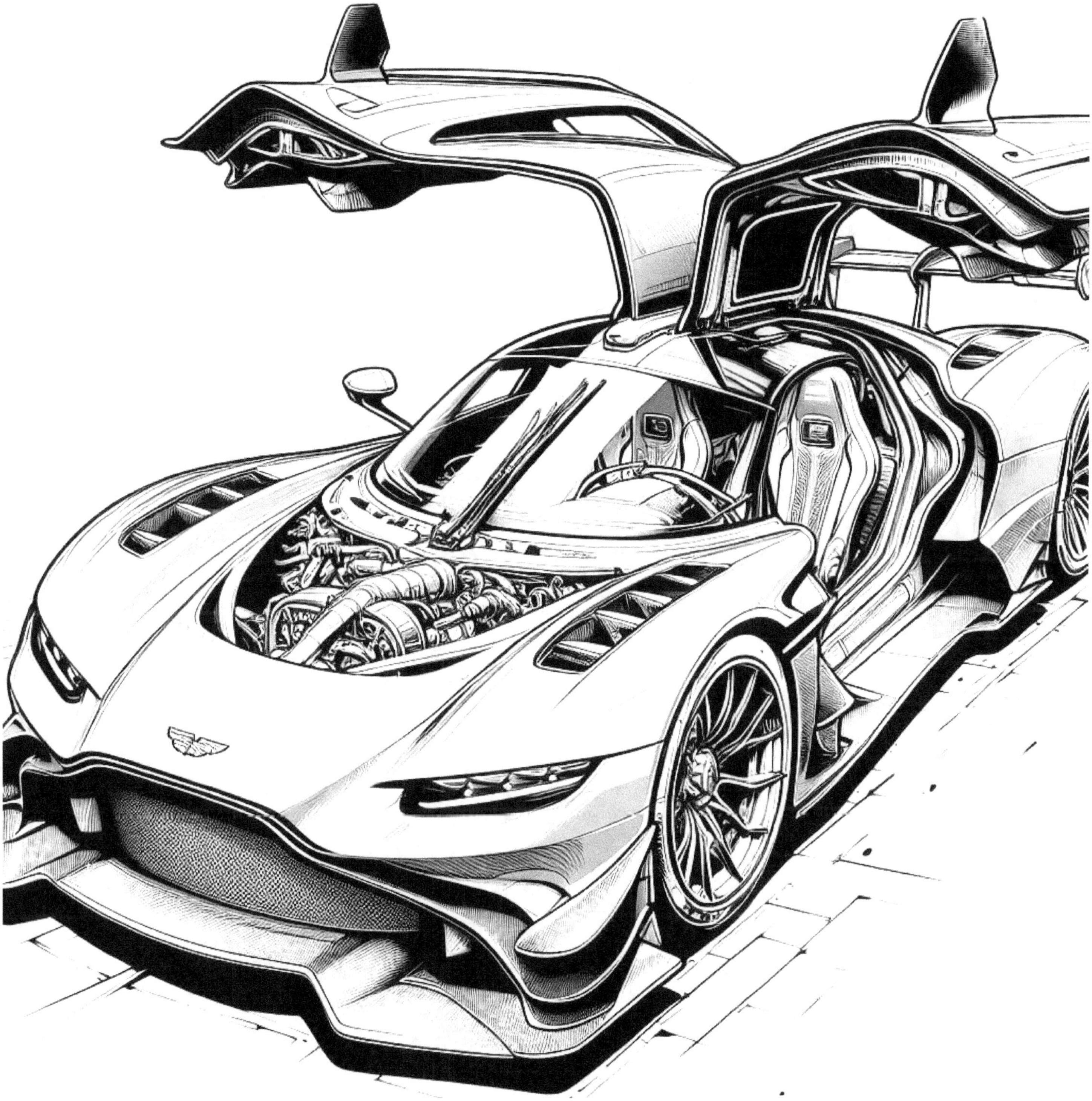

www.ingramcontent.com/pod-product-compliance
Lightning Source LLC
Chambersburg PA
CBHW062234220526
45471CB00009B/3475
* 9 7 9 8 3 2 2 8 2 0 3 0 7 *